Tadpole Books are published by Jump!, 5357 Penn Avenue South, Minneapolis, MN 55419, www.jumplibrary.com

Editor: Jenna Gleisner **Designer:** Michelle Sonnek **Translator:** Annette Granat

Photo Credits: Ian J Taylor/Shutterstock, cover; Marek Mierzejewski/Shutterstock, 1; JaySi/Shutterstock, 3; Hennadii_Havrylko/Shutterstock, 2br, 4–5; Daniel Prudek/Shutterstock, 2tl, 6–7; Jag_cz/Shutterstock, 2tr, 8–9; Nor Gal/Shutterstock, 2ml, 10–11; irin-k/Shutterstock, 2bl, 12–13; Parry Photography/Shutterstock, 2mr, 14–15; B.Forenius/Shutterstock, 16.

Library of Congress Cataloging-in-Publication Data
Names: Nilsen, Genevieve, author.
Title: Patrones en el jardín / por Genevieve Nilsen.
Other titles: Patterns in the garden. Spanish
Description: Minneapolis: Jump!, Inc., 2021. | Series: Patrones en la naturaleza
Includes index. | Audience: Ages 3–6
Identifiers: LCCN 2020036258 (print) | LCCN 2020036259 (ebook) | ISBN 9781645278986 (hardcover)
ISBN 9781645278993 (paperback) | ISBN 9781645279006 (ebook)
Subjects: LCSH: Garden ecology—Juvenile literature. | Pattern perception—Juvenile literature.
Pattern formation (Biology)—Juvenile literature.
Classification: LCC QH541.5.G37 N5518 2021 (print) | LCC QH541.5.G37 (ebook) | DDC 577.5/54—dc23

PATRONES EN LA NATURALEZA

PATRONES EN EL JARDÍN

por Genevieve Nilsen

TABLA DE CONTENIDO

tadpole en español

PALABRAS A SABER

abeja

colmena

girasol

mariposa

mariquita

telaraña

EN EL JARDÍN

Los jardines tienen muchos patrones.

Esta telaraña tiene uno.

raya

Esta abeja tiene uno.

Esta colmena tiene uno.

semilla

Este girasol tiene uno.

punto

Esta mariquita tiene uno.

Esta mariposa tiene uno.

¡REPASEMOS!

Un patrón es un diseño que se repite. ¿Qué patrón ves aquí?

ÍNDICE